BARNEVELT.

Imp. lith. de C. Motte

Barneveldt (**Jean d'Olden**), avocat général des États de Hollande, fut renommé de son temps pour ses négociations et ses ambassades, son intégrité et son patriotisme. On le regarde avec raison comme un des fondateurs de la liberté de sa patrie. Il sut s'attirer l'estime de Henri IV et d'Élisabeth. C'est par son influence que la paix de 1609 fut conclue pour douze ans, entre l'archiduc et les États. Il empêcha ses concitoyens de prendre part aux troubles de Bohème.

Les Provinces-Unies avaient à peine conquis leur indépendance; à peine elles venaient d'échapper, mutilées et sanglantes, au farouche despotisme de Philippe II, lorsque Guillaume-le-Taciturne mourut assassiné sous les yeux de son épouse, par Balthazar Gérard. A cette époque, il cherchait à se faire déclarer comte de Hollande. La famille de l'assassin fut récompensée par Philippe, qui lui accorda des lettres de noblesse.

Le fils de Guillaume, Maurice, prince d'Orange, fut élu son successeur au stathouderat, à l'âge de dix-sept ans. Ce prince, dont la bouillante valeur fut si utile aux Provinces-Unies, voulut, comme son père, augmenter et affermir son pouvoir. Il pensait qu'un trône donnerait plus d'éclat à sa gloire, et servirait mieux aux projets de son ambition. Il fit proposer, dit-on, au grand pensionnaire de faciliter son entreprise. L'incorruptible Barneveldt, qui avait déjà deviné les intentions du jeune stathouder, et qui ne se laissait pas éblouir par de beaux prestiges, dévoila aux États ce projet audacieux, et leur fit sentir les dangereuses conséquences de l'asservissement de la patrie. Le jeune prince, dès-lors, résolut de perdre le grand pensionnaire.

Deux sectes religieuses commençaient à agiter l'état. On était encore au temps où les disputes théologiques occasionaient presque toutes les guerres.

Deux docteurs de l'Université de Leyde, Gomar et Arminius, divisaient alors la Hollande. Barneveldt crut sans doute trouver une occasion d'opposer un parti à l'ambition de Maurice : il se déclara pour les Arminiens, plus tolérans et moins exclusifs que les Gomaristes, que Maurice affectait de soutenir.

A l'instigation de Grotius, le roi Jacques, que Henri IV appelait *Maître Jacques,* écrivit aux États pour les exhorter à tolérer les deux partis. Un décret fut en conséquence publié, qui ordonna aux ministres d'enseigner, « que le principe et l'accroissement de la foi ve-« naient de la grâce que J.-C. nous a méritée; que Dieu n'a créé per-« sonne pour le damner; qu'il n'impose à personne la nécessité de « pécher; et qu'il a la volonté de sauver tous les fidèles. Il leur était « en même temps défendu de traiter les questions obscures qui par-« tageaient les esprits. » Cette ordonnance convenait aux Arminiens, mais révoltait les Gomaristes : ils criaient que le remède était pire que le mal. Les deux partis aussi divisés, mais plus animés qu'auparavant, continuèrent de s'injurier; bientôt ils en vinrent aux coups. L'ambassadeur d'Angleterre représenta que la guerre civile entraînerait la perte de la république. Maurice fit assembler le synode de Dordrecht, composé des députés de toutes les églises calvinistes de l'Europe, excepté celle de France, en 1618 et 1619. Les Arminiens y furent condamnés; plus de cent ministres de ce parti furent bannis; vingt-six commissaires tirés du corps de la noblesse et des magistrats, s'assemblèrent pour juger Barneveldt. Ce vieillard eut la tête tranchée dans La Haye, le 13 mai 1619, en récompense de quarante années de services rendus à la république. Il était âgé de soixante-douze ans. On l'accusa d'avoir voulu livrer sa patrie à la monarchie espagnole, et on déclara qu'il avait *contristé au possible la religion de Dieu.*

Walacus alla pour le préparer à la mort; le condamné écrivait alors à sa femme. Il dit à ce ministre qu'il était vieux et suffisamment préparé depuis long-temps; qu'ainsi il pouvait s'épargner cette peine. Le ministre insista : Asseyez-vous, lui dit Barneveldt, jusqu'à ce que j'aie fini ma lettre. L'ayant achevée, il demanda à Walacus qui il était, discuta avec lui quelques points de religion, et ne cessa de protester de son innocence. Sur quelques représentations du ministre, il lui dit : « Quand j'avais l'autorité, je gouvernais suivant les maximes de « ce temps-là; et aujourd'hui je suis condamné à mourir selon les « maximes de celui-ci. »

On découvrit quelque temps après la mort du grand pensionnaire une conspiration dans laquelle ses deux fils étaient entrés : un des deux eut le bonheur d'échapper; l'autre fut pris et condamné. Son illustre mère alla vers Maurice demander sa grâce. Ce prince lui répondit : « Il me paraît étrange que vous fassiez pour votre fils ce que « vous avez refusé de faire pour votre époux. » Elle repartit avec indignation : « Je n'ai pas demandé grâce pour mon mari, parce qu'il « était innocent; mais je la demande pour mon fils, parce qu'il est « coupable. »

Le souvenir des vertus de Barneveldt augmenta l'horreur qu'avaient inspirée aux Hollandais l'ambition et la cruauté du prince Maurice.

GUILLAUME TELL.

Guillaume Tell.

Guillaume Tell fut, au commencement du quatorzième siècle, le libérateur de la Suisse, alors opprimée par l'administration tyrannique d'un gouverneur nommé par Albert d'Autriche.

Ce fut au milieu des mœurs barbares du treizième siècle, et du bouleversement général de l'Europe, qu'une faible peuplade resta libre, conserva ses mœurs antiques et sévères comme le climat qu'elle habitait.

Et quand, pour échapper aux tyrannies diverses de plusieurs seigneurs voisins, les Suisses recherchèrent et obtinrent la protection de l'Empire, ce fut sans sacrifier leur indépendance et leurs anciennes coutumes, qui donnent au moindre berger le droit de rendre la justice. A l'avénement d'Albert d'Autriche, les habitans des cantons d'Uri, de Schwitz et d'Underwald, alarmés par le caractère entreprenant de ce prince, renouvelèrent l'antique confédération pour la conservation de leurs libertés. Albert leur donna un gouverneur nommé Hermann Gessler, qui, outre-passant les limites de son autorité, se rendit bientôt odieux. Ce prince faisait alors la guerre à son beau-frère Venceslas.

Gessler, traversant à cheval le village de Steinen, passa devant la maison de Stauffacher. Cette maison, belle pour le temps, était située à l'endroit où est maintenant une chapelle : « Peut-on souffrir, dit « le gouverneur en présence du maître, que des paysans soient si bien « logés! »

On reproche encore à Gessler d'avoir dit que les paysans pouvaient traîner la charrue eux-mêmes.

Un jeune homme, nommé Erni, fils de Melchtall, avait frappé à coups de bâton le valet du gouverneur, qui voulait s'emparer d'une paire de bœufs confisqués par ordre de son maître. Gessler fit arracher les yeux au père d'Erni, qui alla raconter son malheur à Furst et à Stauffacher. Ils convinrent qu'il valait mieux mourir que vivre sous une domination injuste. Ils prononcèrent, « au nom du Dieu qui a « fait naître de la même souche les paysans et les empereurs, et qui « les a également dotés des inaliénables priviléges de tout être raison- « nable, le serment de se prêter un secours réciproque pour la défense « de leur liberté. »

Sur ces entrefaites Guillaume Tell, gendre de Walter Furst, et habitant de Burglen, dans le canton d'Uri, qui méditait depuis long-temps l'affranchissement de sa patrie, refusa de saluer le chapeau ducal que le gouverneur avait fait élever au milieu du chemin d'Altorf. Gessler, irrité, le fit saisir par ses gardes; et, comme il l'emmenait chargé de chaînes sur le lac des Waldstettes, en violation des franchises nationales, une tempête qui s'éleva força le gouverneur de faire ôter les fers à son prisonnier, qu'il connaissait pour un bon marinier. Avant de toucher au rivage, Tell ressaisit son arbalète, prit son élan, sauta sur le rocher, et alla s'embusquer dans un chemin creux, où il atteignit Gessler d'une flèche. La mort de Gessler fut le signal de l'indépendance des Suisses.

Guillaume courut à Lucerne prévenir ses amis. Aussitôt des feux sont allumés et volent de montagne en montagne : la force ou la ruse mettent tous les châteaux au pouvoir des conjurés; du fond de toutes les vallées s'élève un cri d'indépendance, dont l'écho répété de siècle en siècle redit sans cesse à ce peuple qu'il doit veiller pour sa liberté.

Le 7 avril 1308, les Suisses renouvelèrent leur alliance antique et perpétuelle. Vainement Frédéric, successeur d'Albert, envoya-t-il contre eux des troupes commandées par Léopold son frère : treize cents nouveaux Spartiates allèrent les attendre au défilé de Morgarten, et les forcèrent à prendre la fuite.

Assise au sommet des Waldstettes, la confédération helvétique fut désormais inébranlable. Elle vit s'unir à elle successivement tous ces cantons qui, comme autant de républiques particulières, ont mis sous sa sauve-garde leur indépendance, leurs mœurs et leurs lois. Placée au milieu de l'Europe, une neutralité constante la rendit toujours étrangère aux orages qui grondèrent si souvent autour d'elle. Toujours elle fut un asile ouvert aux exilés et aux partis vaincus, qui trouvèrent dans son sein la paix et une tolérance équitable.

Les Suisses montrent encore avec orgueil le rocher sur lequel Tell posa le pied; et une chapelle fut élevée sur le lieu où il attendit Gessler. Il vécut quarante-quatre ans après ce mémorable événement. Sa mémoire est toujours vénérée, quoique sa famille soit depuis longtemps éteinte.

LUTHER.

D'après un Portrait peint par Lucas Cranach en 1543 tiré du Cabinet de M.r le Baron Percy

Imp. lith. de Ch. Malapeau

Martin Luther naquit le 10 novembre 1483, à Eisleben, dans le comté de Mansfeld, en Saxe. Cet audacieux novateur, qui devait remuer le monde, était fils d'un homme qui travaillait aux mines.

Il se fit remarquer dès son enfance par une grande application à l'étude; sa pauvreté ne fit qu'accroître son ardeur. Il se croyait appelé au barreau par une vocation particulière; mais un accident imprévu l'éloigna de la carrière à laquelle il s'était jusqu'alors destiné : un coup de tonnerre tua un de ses amis à ses côtés; son imagination en fut troublée : il courut s'enfermer aux Augustins d'Erfurt, où il se fit remarquer par une grande ferveur. Bientôt il fut nommé professeur à Wittemberg. Il fit un voyage à Rome; et cet homme, qui devait ébranler le pouvoir de l'Église et faire chanceler l'autorité du pape, se déclara un de ses plus zélés défenseurs.

La lecture des écrits de Jean Hus vint donner un autre direction à ses pensées. Dès 1516 ses nouvelles opinions s'annoncèrent dans des thèses publiques. Le trafic scandaleux des indulgences donna prise à ses attaques : les contradictions l'irritèrent; il ne tarda pas à éclater avec violence : il mit en avant les dogmes de la réforme. Quelques princes d'Allemagne se laissèrent séduire par ces nouveautés : sa doctrine se répandit et menaça d'incendier le monde; du fond de l'Allemagne elle déborda jusque sur la France. Léon X en fut alarmé : il cita Luther à Rome, mais vainement. Le cardinal Cajetan, nonce du pape à la diète d'Augsbourg, fut chargé de demander une rétractation : le novateur la refusa, et déclara qu'il était prêt à soutenir ses opinions dans une thèse publique. Il se rappela le sort de Jean Hus, et il s'éloigna, laissant à son départ un acte affiché, où il en appelait du pape *mal informé* au pape *mieux informé.*

L'électeur, qui s'était d'abord déclaré son protecteur, ayant embrassé sa doctrine, se crut obligé de le défendre : l'Université de Wittemberg adopta ses sentimens.

Luther ne se lassait ni de parler ni d'écrire. Ses harangues et ses écrits, mélange d'éloquence et de cynisme, lui gagnaient l'affection du peuple. Ses sarcasmes allaient attaquer les rois jusque sur leur trône : il appelait la cour de Rome la *grande prostituée,* les prélats des *loups dévorans,* les moines des *sépulcres blanchis;* et, s'attachant à exciter toutes les passions, à armer tous les intérêts, il attaquait d'une voix prophétique les commandemens de l'Église, la loi du célibat ecclésiastique, les vœux monastiques, la hiérarchie sacrée : plus de pape, de cardinaux, d'abbés, d'officialités! Il offrait ainsi un appât à l'ambition des princes, en même temps qu'il entraînait les peuples et les dominait les uns par les autres. Il ne conservait des sept sacremens que le baptême et l'eucharistie. Son autorité avait tellement grandi, qu'il abolissait les cérémonies et chassait les pasteurs. D'une voix forte il s'écriait : « Je n'ai pas encore mis la main à la moindre « pierre pour l'arracher; je n'ai fait mettre le feu à aucun monastère, « et presque tous les monastères sont ravagés par ma plume et par « ma bouche; et l'on publie que, sans violence, j'ai moi seul fait plus « de mal au pape que n'en aurait pu faire aucun roi avec toutes les « forces de son royaume. » Ses principes lui attirèrent la censure des Universités de Cologne, de Louvain et de Paris.

Léon X condamna, par une bulle, quarante et une de ses propositions. Eckius, nonce près des cours d'Allemagne, fit brûler tous ceux de ses ouvrages qu'il put assembler. Luther, de son côté, fulmina un écrit où le pape était traité de *tyran impie* et d'*antechrist,* et livra aux flammes, dans la place publique de Wittemberg, la nouvelle bulle et les décrétales.

Le 3 janvier 1521, Léon X rendit une seconde bulle qui n'eut pas plus d'effet que la première. Les foudres de Rome n'épouvantaient plus le peuple, depuis qu'un moine avait pu les fouler aux pieds sur la place publique.

Luther fut mandé dans la même année à la diète de Worms : Charles-Quint lui accorda un sauf-conduit pour s'y rendre. Ses amis lui représentèrent l'exemple de Jean Hus et de Jérôme de Prague : le novateur leur répondit, « que, quand il serait assuré d'y trouver autant « de diables qu'il y avait de tuiles sur les maisons, il les affronterait « avec la même constance. » Cent gentilshommes, armés de toutes pièces, escortèrent ce moine, qui, deux ans auparavant, n'avait pas pu se procurer un cheval pour se rendre à Augsbourg, et qui maintenant entraînait à sa suite des princes d'Allemagne.

Il entra donc à Worms comme un triomphateur, monté sur un char, accueilli par les acclamations de la multitude. Il comparut devant l'assemblée, reconnut ses ouvrages, et déclara qu'il était prêt à les défendre en conférence publique. On lui refusa ce nouveau triomphe; on le mit au ban de l'Empire. Il se retira au château de Wartbourg, qu'il appelait son île de Pathmos, et où, sous la protection de l'électeur Frédéric, il resta plus de neuf mois.

Pendant sa retraite il avait mûri sa doctrine : il voyagea pour la répandre dans toute l'Allemagne. Il avait jusque-là porté l'habit ecclésiastique : il le quitta en 1523; et, deux ans après, il épousa Catherine Bora (ou Boren), jeune et belle religieuse qu'il avait arrachée de son couvent, et dont il eut six enfans.

Quelques années après Luther permit à Philippe, landgrave de Hesse, d'épouser sa maîtresse du vivant de sa femme. Aussi lui a-t-on reproché d'avoir autorisé la débauche.

A la diète de Spire, en 1529, et à celle d'Augsbourg, en 1530, les partisans de la réforme présentèrent leur fameuse protestation que l'empereur fit rejeter. Alors se forma la ligue offensive et défensive de Smalcade, entre les premiers protestans. Luther, qui avait autrefois soutenu qu'il n'était pas permis de s'armer pour la vérité, prêcha une croisade contre le pape.

En dépit de toutes les persécutions qu'on lui avait suscitées, son nouvel évangile s'était répandu dans toute l'Allemagne. Chaque jour sa domination s'étendait.

Luther ne tarda pas à voir la division se mettre parmi ses sectateurs. Il en fut irrité et les traita comme des ennemis déclarés. Cependant ils s'accordaient tous en un point : la haine du pape. *Plutôt turc que papiste,* était leur commune devise.

Cet homme puissant s'apprêtait à lutter encore et contre l'autorité du pape, et contre quelques-uns des sectateurs : le concile de Trente venait de s'assembler, quand la mort le frappa le 18 février 1546, dans le lieu de sa naissance. On l'enterra dans l'église du château de Wittemberg.

On a débité beaucoup de fables et d'absurdités sur sa mort, qui paraît avoir été causée par une apoplexie. On l'a représenté comme livré à la débauche et à toutes les passions; mais, de l'aveu même de ses détracteurs, il vécut et mourut pauvre, quoiqu'il eût dépouillé le clergé catholique d'une partie de ses possessions.

Luther, en mourant, laissait à l'Europe un long sujet de dissensions. Le sang avait déjà coulé et devait couler bien plus encore. L'arbre de la réformation, qu'il avait planté, étendait partout ses racines; il grandissait sous le fer et sous le feu plus robuste à mesure qu'on l'attaquait avec plus d'ardeur.

La révolution religieuse, après avoir bouleversé les consciences, alla changer la loi des nations. Le mouvement qu'elle imprima à l'esprit humain fut favorable aux lettres et aux arts; il semblait que la faculté de penser venait de renaître après des siècles d'apathie.

JEAN DE WITT.

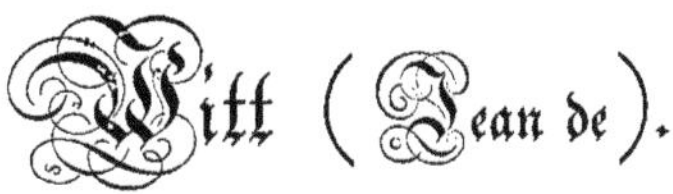

WITT (JEAN DE), fils de Jacob de Witt, bourgmestre de Dordrecht, naquit en 1625; il reçut une excellente éducation, et voyagea dans les cours étrangères. A son retour, il entra dans les emplois publics, et s'éleva successivement jusqu'au rang de grand pensionnaire de Hollande.

A la mort de Guillaume II, les États s'étaient réservé les charges de stathouder, de capitaine et d'amiral général. Cependant la Hollande était devenue l'asile des infortunés rejetons du trône que Cromwell venait d'abattre; le protecteur lui déclara la guerre. Jean de Witt fit de grands efforts pour lui résister; ils furent inutiles : il alla jusqu'à monter sur la flotte avec d'autres députés des États. Un traité fut conclu, en 1653, avec l'Angleterre, qui excluait du stathoudérat le prince d'Orange Guillaume III, qui fut depuis roi d'Angleterre, en déclarant qu'il n'y aurait plus de stathouder. Ce prince avait de nombreux partisans qui désiraient que cette autorité lui fût déférée. Jean de Witt, républicain zélé, s'y opposa toujours : il fit jurer à ce prince l'édit perpétuel par lequel il en était exclus.

Après la mort de Cromwell, le trône des Stuarts s'était relevé. Le rétablissement de Charles II avait ranimé les espérances des partisans de la maison d'Orange. La guerre avec l'Angleterre était imminente.

Louis XIV allait envahir la Hollande; le parti du jeune Guillaume devenait chaque jour plus puissant : bientôt il l'emporta; et ce prince fut élu capitaine général des forces de terre et de mer. Ces divisions avaient affaibli la république au moment où elle avait besoin de toutes ses forces. Tout céda devant la fortune de Louis XIV. La frayeur inspira aux Hollandais une résolution désespérée : ils se préparèrent à fuir aux extrémités du monde; ils voulurent s'embarquer pour Batavia. De Witt proposa de demander la paix au vainqueur. Le prince et ses partisans s'y opposèrent; les États pensèrent comme de Witt; mais les conditions que le roi de France voulait imposer parurent si humiliantes, que le peuple, dans sa fureur, éclata contre le grand pensionnaire, et l'accusa de tous ses maux. On attenta à sa vie. Il donna sa démission, et Guillaume III fut élu stathouder.

On accusa Corneille de Witt, frère du grand pensionnaire, d'avoir voulu faire assassiner le prince; il fut appliqué à la question. Il récita dans les tourmens le commencement de cette ode d'Horace : *Justum et tenacem.* On le condamna au bannissement. Comme son frère le faisait sortir de prison, la populace effrénée les massacra tous deux, et exerça sur leurs cadavres des vengeances atroces.

De Witt avait gouverné l'état pendant dix-neuf ans, en conservant toujours la modestie et les mœurs austères d'un républicain. « Il « possédait à fond, dit Burnet, l'état de la Hollande, ses revenus, les « sommes qu'on y pouvait lever pour les besoins publics, et la mé- « thode dont il s'y fallait prendre. Franc et sincère, il ne connaissait « d'autre finesse que celle du silence, et on ne pouvait pas savoir, « quand il se taisait, s'il le faisait à dessein ou par coutume. Ne con- « naissant en aucune façon l'état des cours, il faisait les plus grossières « fautes sur le cérémonial. Sa grande maxime était que tous les princes « et tous les états se règlent sur leurs intérêts, et que dès que l'on « sait en quoi leurs vrais intérêts consistent, on peut savoir quels en « sont les projets. Il ne voulait pas que l'on recourût aux soldats étran- « gers, à moins que la conservation des sujets ne le rendît nécessaire. « Quant à l'administration de la justice, au soutien du commerce, « à l'entretien des flottes, la république n'eut jamais de plus habile « ministre. Quoiqu'il fût fort opposé à la maison d'Orange, il prit

« un grand soin des biens du jeune Guillaume III; il veilla sur son « éducation, et lui donna de justes notions de ce qui concernait l'État, « croyant que l'intérêt public demandait qu'on le rendît propre à « gouverner. »

Jean de Witt, qui avait été, en Hollande, un des premiers disciples de Descartes, paraît être le premier qui ait imaginé de calculer la probabilité de la vie humaine. Toujours il se montra passionné pour les affaires publiques, mais ennemi du faste. Il n'avait qu'un laquais, et allait à pied dans La Haye.

Corneille de Witt, son frère, avait eu beaucoup de part aux exploits maritimes contre la Grande-Bretagne. Leur mort tragique termina la lutte entre le pouvoir et la liberté, et livra leurs amis à la persécution.

Guillaume III parut affligé de cet événement; il en repoussa toujours avec indignation la solidarité. Les Hollandais regrettèrent Jean de Witt comme ils avaient regretté Barneveldt.

www.ingramcontent.com/pod-product-compliance
Ingram Content Group UK Ltd.
Pitfield, Milton Keynes, MK11 3LW, UK
UKHW021046260726
13994UKWH00005B/2380